たべっ子どうぶつと ひとこと英会話

監修 劇
英語監修 David

KADOKAWA

● はじめに ●

「英語は学校でたくさん勉強した！」そう思っていても、海外旅行に行くことになったり、お仕事で英語を使うことになったり、外国人観光客に話しかけられたり……英語を「話す」場面になると、どう話していいかわからない……と困ってしまう方は意外と多いのではないでしょうか。

この本では、まずは「ひとこと話す」ために会話の一歩目を踏み出せるフレーズや表現を360個紹介しています。
これらのフレーズで、あいさつからチャレンジし、そしてその次に気持ちや趣味など、まずは自分のことを知ってもらいましょう。そして相手のことを質問したりお願いしてみたり……というふうに、だんだんコミュニケーションを深められるようになります。

フレーズを覚えるときは、かわいくて個性豊かなどうぶつさんたちのイラストを参考にしましょう。イメージと関連付けて覚えることでより理解が深まります。

さあ、これから、どうぶつさんたちと楽しくフレーズを覚えましょう！

どうぶつさんたちの紹介

ここでは一緒に英語を勉強する
どうぶつさんを紹介するよ！

きりんちゃん
らいおんくん
かばちゃん
うさぎちゃん
ぺがさすちゃん
ぞうくん
さるくん
わにくん
ねこちゃん
ひよこちゃん

contents

Chapter 1　きほんのあいさつ

Chapter 2 意見・気持ちを伝えよう！

Chapter 3 質問してみよう！

Chapter 4 お願いしてみよう！

もっと仲よくなろう！

この本の使い方

❶ まずは覚えるフレーズをチェック!

日本語・英語の両方でフレーズを掲載しているよ。まずはそれぞれの意味と発音をチェックしよう!

❷ どうぶつさんたちのイラストをチェック!

イラストはフレーズに関連しているよ。フレーズとイラストを結び付けながら覚えよう。

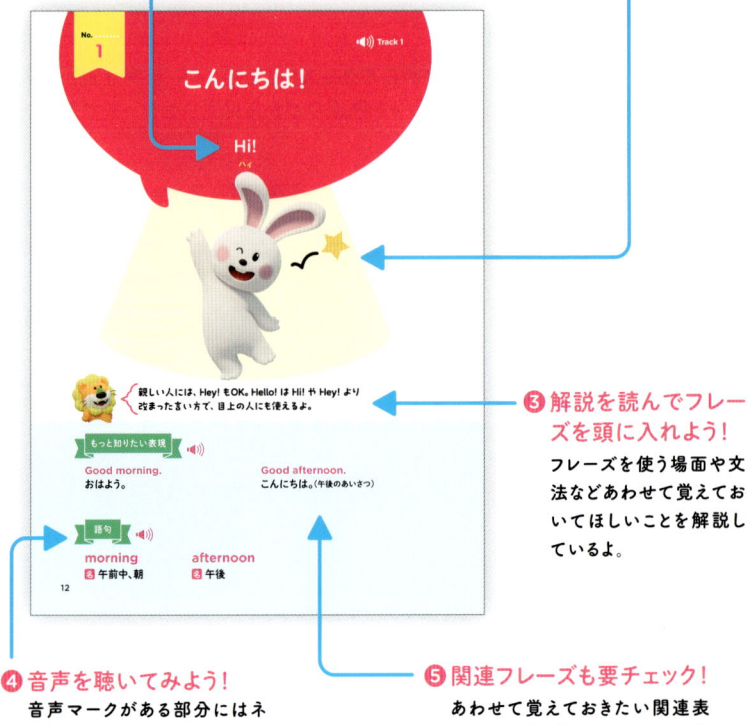

❸ 解説を読んでフレーズを頭に入れよう!

フレーズを使う場面や文法などあわせて覚えておいてほしいことを解説しているよ。

❹ 音声を聴いてみよう!

音声マークがある部分にはネイティブスピーカーによる音声がついているよ! 発音を聴いて真似して言ってみよう!

❺ 関連フレーズも要チェック!

あわせて覚えておきたい関連表現を2つずつ紹介しているよ。本全体でなんと360個のフレーズを覚えられちゃう!

音声ダウンロードについて

● 音声マークが付いている部分には対応した音声を用意しています。

● 音声ファイルは以下からダウンロードして聴くことができます。

https://www.kadokawa.co.jp/product/322411000593

ユーザー名 tabekko-04

パスワード 2-animal

● 上記ウェブサイトにはパソコンからアクセスしてください。音声ファイルは携帯電話、スマートフォン、タブレット端末などからはダウンロードできないので、ご注意ください。

● 音声ファイルはMP3形式です。パソコンに保存して、パソコンで再生するか、携帯音楽プレーヤーに取り込んでご使用ください。また、再生方法などについては、各メーカーのオフィシャルサイトなどをご参照ください。

● このサービスは、予告なく終了する場合があります。あらかじめご留意ください。

● スマートフォンで音声を聴く場合は、次のQRコードまたはURLより、スマートフォンにアプリをダウンロードし、本書を検索してください。

https://www.abceed.com/
※abceedは株式会社Globeeの商品です（2025年3月時点）。

staff　デザイン／マツヤマ チヒロ（AKICHI）　　英語監修／David Hal Chester
　　　　音声制作／英語教育協議会（ELEC）　　　　音声出演／Karen Haedrich、水月優希
　　　　編集協力／曽根裕子　　　　　　　　　　　制作協力／熊アート、ジーアングル
　　　　校正／鷗来堂、Brooke Lathram-Abe

きほんの
あいさつ

こんにちは！

Hi!
ハイ

親しい人には、Hey! もOK。Hello! は Hi! や Hey! より
改まった言い方で、目上の人にも使えるよ。

もっと知りたい表現

Good morning.
おはよう。

Good afternoon.
こんにちは。（午後のあいさつ）

語句

morning
名 午前中、朝

afternoon
名 午後

元気にしてた？

How have you been?
ハウ ハヴ ユー ビーン

久しぶりに会う人に使ってみよう。「元気?」と近況を
尋ねるだけなら、How are you? でいいよ。

もっと知りたい表現

I've been good, thanks. And you?
元気だったよ、ありがとう。あなたは？

Same as usual.
変わりないよ。

語句

good
形 元気な

as usual
熟 普段どおり

会えてうれしい！

I'm happy to see you.
アィム　ハピー　トゥ　シー　ユー

 I'm happy to ~. で「~してうれしい」
という気持ちを表せるよ。

もっと知りたい表現 🔊))

Nice to meet you.
はじめまして、お会いできてうれしい
です。

We finally meet.
やっと会えたね。

語句 🔊))

see / meet
動 会う

finally
副 やっと、とうとう

久しぶりだね

Long time no see.
ローング　タイム　ノウ　シー

「久しぶりだね」は、It's been a while. と言うことも
できるよ。it's は it has のこと。

もっと知りたい表現

I missed you.
会いたかったよ。

When was the last time we met?
最後に会ったのはいつだっけ？

語句

miss
動 〜がいなくてさみしい

met
動 meet（会う）の過去形

いい天気だね

Nice day, isn't it?
ナイス　デイ　イズント　イット

 It's + 形容詞. で、いろんな天候や寒暖を表せるよ。
rainy (雨降りの)、cloudy (曇りの)、warm (暖かい)など。

もっと知りたい表現

What's the weather for tomorrow?
明日の天気はどう?

It's hot and humid today.
今日は蒸し暑いね。

語句

weather
名 天気

humid
形 じめじめとした

お待たせ！

Thanks for waiting.
サンクス　フォー　ウェイティング

「待たせてごめん」という気持ちを伝えるなら、
Sorry for keeping you waiting. と言ってみよう。

もっと知りたい表現

Did you wait long?
結構待たせちゃった？

I just got here.
私も今着いたところだよ。

語句

Thanks for ～ing
熟 ～してくれてありがとう

got
動 get（着く）の過去形

17

🔊 Track 7

ありがとう

Thank you.
サンク　ユー

 友達に言うなら、Thanks. でOK。「〜してくれてありがとう」は、
Thank you for 〜ing. を使おう。

もっと知りたい表現 🔊

You've been so helpful.
すごく助かった。

You're welcome.
どういたしまして。

語句 🔊

helpful
形 助けになる

welcome
形 歓迎されている

がんばって!

Good luck!

グッド ラック

チャレンジしている人を励ますときに言ってあげよう。
Go for it. も同じシチュエーションで使えるよ。

 もっと知りたい表現

I'm rooting for you.
応援しているよ。

I'm always on your side.
いつも君の味方だよ。

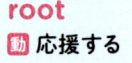 語句

root
動 応援する

on one's side
熟 〜の側

19

🔊 Track 9

マジかよ!

Seriously?

シリアスリィ

相手の発言が信じられないときなどに使おう。
Are you serious? もOK。

もっと知りたい表現 🔊

No kidding?
冗談だろ?

You can't be serious.
冗談でしょう。

語句 🔊

seriously
副 本気で

kid
動 冗談を言う

serious
形 本気の

落ちつこう

Let's calm down.
レッツ　カーム　ダウン

時間がなくて慌てている人にそっと言ってあげよう。

もっと知りたい表現 ◀))

Please cool off.
頭を冷やしてよ。

Take it easy!
気楽にしなよ。

語句 ◀))

calm down
熟 落ちつく

cool
動 冷める

🔊))) Track 11

ようこそ！

Welcome!
ウェルカム

誰かが遊びに来るときに、こう言って歓迎しよう。
Welcome to ~. で「～にようこそ」。

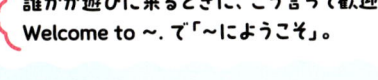

もっと知りたい表現 🔊)))

Thanks for coming.
来てくれてありがとう。

Please come in.
中へどうぞ。

語句 🔊)))

come in
🟥熟 中に入る

おかえり！

Welcome back!
ウェルカム　バック

「おかえり」「ただいま」「行ってらっしゃい」は
セットで覚えておこう。

もっと知りたい表現 🔊

I'm back.
ただいま。

Have a nice day!
行ってらっしゃい！

語句 🔊

back
副（元の場所に）戻って

お疲れさま

Good job!
グッド　ジョブ

 大変な仕事を終えた人にねぎらいの気持ちで言ってあげよう。

もっと知りたい表現

That must have been tough.
それは大変だったね。

You must be tired.
疲れたでしょ。

語句

job
名 仕事

tough
形 大変な

tired
形 疲れた

おやすみ〜！

Good night!
グッド　ナイト

Ｚ...

寝る前の定番フレーズだね！

もっと知りたい表現 ◀))

Sleep well.
ぐっすり眠ってね。

Sweet dreams!
良い夢を！

語句 ◀))

well
副 よく

sweet
形 快い

ごめんね

I'm sorry.
アィム　ソーリー

 謝罪するときの定番フレーズ。関連フレーズも
あわせて覚えてバリエーションを増やそう!

もっと知りたい表現

I deeply apologize.
心からお詫びします。

Please forgive me.
どうか許してください。

語句

deeply
副 深く

apologize
動 謝る

forgive
動 許す

気にしないで

Don't worry.
ドント　ワーリー

「ごめんね」と言われたら、こんなふうに返してみよう。

もっと知りたい表現 🔊

It's fine.
大丈夫です。

It's not a problem.
問題ないですよ。

語句 🔊

worry
動 心配する

fine
形 良い、構わない

おめでとう！

Congratulations!
コングラチュレイションズ

何かを成功させた人への祝福の表現。親しい人に
対してなら、Congrats! と言ってもいいよ。

もっと知りたい表現

Happy birthday!
誕生日おめでとう！

You made it!
やったね！

語句

congratulation
名 祝うこと

make it
熟 やり遂げる

乾杯!

Cheers!
チアーズ

パーティーや飲み会は、こんな掛け声で始まることが多いね。
親しい仲間の集まりを盛り上げるときにも使えるよ。

もっと知りたい表現

Here's to our continued success!
私たちの成功を願って乾杯!

To great friends!
最高の仲間に乾杯!

語句

cheer
名 応援、歓声

continued
形 続く

気をつけて帰ってね！

Get home safely.
ゲット　ホゥム　セイフリー

帰宅する人の安全を気遣う、優しい表現。夜遅いときや、悪天候のときなどにこうして声をかけたいね。

もっと知りたい表現 🔊

Be careful on your way home.
気をつけて帰ってね。

Drive safely.
運転に気をつけてね。

語句 🔊

get home
熟 帰宅する

safely
副 無事に

on one's way home
熟 〜の家に帰る途中

またね!

See you.
シー　ユー

別れ際のあいさつ。Goodbye. などと
一緒に使うこともあるよ。

もっと知りたい表現 🔊

See you tomorrow!
また明日!

I'll call you later.
あとで電話するね。

語句 🔊

tomorrow
副 明日

call
動 電話する

later
副 あとで

Column 1

あいづち表現①

会話では相手の言ったことに即答できなくても、まずリアクションしてみよう！　このColumn 1と64ページのColumn 2ではあいづち表現を紹介するよ。
音声もあわせて聴いて、自然に話せるようになろう！

ザッツ ライト
That's right. 「そうですよね」

サウンズ グッド
Sounds good! 「いいね！」

ミー トゥー
Me, too. 「私も」

アイ シー
I see. 「なるほどね」

レット ミー シー
Let me see. 「ええと」

意見・気持ちを伝えよう！

めっちゃ映える！

That is picture-perfect!

ザット　イズ　ピクチャーパーフェクト

 { ステキな景色やオシャレなスイーツなどSNSに
アップしたくなるような写真が撮れたときに言ってみよう。

もっと知りたい表現 🔊

These pancakes would look great on Instagram.
このパンケーキ、すごくインスタ映えしそう。

Can I post it on Instagram?
インスタにアップしてもいい？

語句 🔊

picture-perfect
形 絵になる

post ... on 〜
熟 〜に…を投稿する

🔊 Track 23

かっこいいよ

You look cool.
ユー　ルック　クール

cool や awesome は人だけでなく、ものにも使うことができるよ。
That's a cool car. で「かっこいい車だね」になるよ。

 もっと知りたい表現 🔊

That guitarist is so good-looking.
あのギタリスト、本当にかっこいい。

Wow, what a cool jacket you're wearing.
オシャレなジャケットを着てるね。

語句 🔊

look
動 〜に見える

cool
形 かっこいい

good-looking
形 （容姿が）かっこいい

🔊 Track 24

アゲアゲだぜ

I'm super excited.
アィム　スーパー　イクサイティッド

ものすごく興奮したり、テンションが上がったりしているときに使うよ。

もっと知りたい表現 🔊

I got fired up hearing the news.
その知らせを聞いてテンションが上がったよ。

He's always excitable in public.
彼は人前ではいつもテンションが高いね。

語句 🔊

excited
形 興奮して

fired up
熟 興奮している

excitable
形 興奮しやすい

魔法みたい！

It's really magic!
イッツ　リアリィ　マジック

びっくりして「信じられなーい！」というときに使う表現。

もっと知りたい表現 🔊

It's a miracle!
奇跡だ！

It's unbelievable!
信じられない！

語句 🔊

magic
名 魔法

miracle
名 奇跡

unbelievable
形 信じられない

37

かわいい～！

How cute!
ハウ　キュート

 小さな動物や子どもに対しての表現として最適！
「かわいい」については86&98ページの Column もチェックしてみてね。

もっと知りたい表現 🔊

Your smile is charming.
あなたの笑顔、かわいいね。

I got these pretty earrings.
かわいいピアスを見つけたよ。

語句 🔊

cute / pretty
形 かわいい

charming
形 すてきな

ウケる

That's so funny.
ザッツ ソゥ ファニー

日常会話やSNS、チャットなどで「おもしろい！」
「おかしい！」という気持ちを表すときに使えるよ。

This is hilarious!
超ウケる！

Your jokes really cracked me up.
君のジョーク、超ウケるんだけど。

hilarious
形 笑い転げるほどおかしい

crack ～ up
熟 ～を爆笑させる

落ちつく〜！

I feel comfortable.
アィ　フィール　カムフタブル

緊張が解けて、リラックスできたときに使える表現。

もっと知りたい表現 🔊

Take a breath and calm down.
一息ついて、落ちつきなさい。

I feel at home here.
ここは気分が落ちつくよ。

語句 🔊

comfortable
形 心地よい

take a breath
熟 一息つく

賛成！

I agree with you!

アイ　アグリー　ウィズ　ユー

相手の意見や考えに賛同するときに使うよ。

もっと知りたい表現

I think so, too.
私もそう思います。

I'm against it.
私は反対です。

語句

agree with 〜
熟　〜に賛成する

against
前　〜に反対して

わかんない

I don't understand.
アィ ドント アンダスタンド

質問の内容がわからないときなどに使うよ。
これだけだとぶっきらぼうな印象を与えるので注意しよう。

もっと知りたい表現 🔊

Give me more details.
もうちょっとくわしく教えて。

Could you explain that a little more?
もう少しくわしく説明してもらえますか?

語句 🔊

understand
動 理解する

detail
名 詳細

explain
動 説明する

どっちでもいいよ

Either is good.
イーザー　イズ　グッド

2つのことを提示されて、どちらでもいいなと思ったら、
こんなふうに言ってみよう。

 もっと知りたい表現

It's up to you.
あなたに任せるよ。

Whichever you like.
あなたが好きなほうでいいよ。

語句

either
代 どちらでも

up to ～
熟 ～しだいで

whichever
代 どちらでも

ヤダー！！

Eww!!
イウー

 提案などに対して、強く拒絶したいときに
思わず出てしまう一言。続けて理由も伝えると効果的だね！

もっと知りたい表現 🔊))

Definitely not!
絶対にいやだ！

Why do I have to do such a thing?
なんでこんなことしなくちゃいけないの？

語句 🔊))

definitely
副 絶対に

such a thing
熟 こんなこと

冗談だよ

Just kidding.
ジャスト　キディング

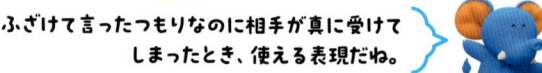

ふざけて言ったつもりなのに相手が真に受けて
しまったとき、使える表現だね。

もっと知りたい表現 🔊

Only joking.
ただの冗談だよ。

Don't take it seriously.
真に受けないでね。

語句 🔊

kid / joke
動 冗談を言う

seriously
副 本気で

不思議！

That's strange.
ザッツ　ストレィンジ

理由がわからないようなことが起きたときに
思わず出てしまう一言。

もっと知りたい表現 🔊))

What do you mean?
どういう意味？

I don't understand what you're saying!
何を言っているのかわからない。

語句 🔊))

strange
形 不思議な

mean
動 意味する

びっくりだよね

What a surprise!
ワット　ア　サプライズ

驚いたときには、表情や声のトーンも加えて表現しよう。
音声もあわせてチェックしてみてね！

もっと知りたい表現

I can't believe it.
信じられないよ。

I'm surprised to hear that.
それを聞いてびっくり。

語句

surprise
名 驚き

believe
動 信じる

be surprised to ～
熟 ～して驚く

気まずい……

I feel awkward.
アイ　フィール　オークワド

その場の空気が微妙……。そんなときに自分の気持ちを
表す表現を覚えておくと、スムーズな会話の幅が広がるよ。

もっと知りたい表現

You look uncomfortable.
居心地が悪そうだね。

I didn't mean to make you feel uncomfortable.
君を気まずくさせるつもりはなかったんだ。

語句

awkward
形 気まずい

uncomfortable
形 居心地が悪い

make ～ 動詞
熟 ～を(動詞)にする

ちょっと疲れたわ

I'm a bit tired.
アイム　ア　ビット　タイアド

「ちょっと疲れたから休まない？」と提案したいときに使えるね。

🔊

I'm exhausted after walking for three hours.
3時間歩いて、もうへとへとだよ。

How about taking a break for a bit?
少し休まない？

語句 🔊

a bit
名 少し

tired / exhausted
形 疲れた

take a break
熟 休憩する

くだらない……

That's stupid.
ザッツ　ステューピッド

話の内容がばかばかしかったり、会議が退屈だったり……。
そんなときに使える表現。

Your words are meaningless.
君の言葉は意味がないよ。

Don't talk nonsense to me.
くだらないことを言わないでよ。

語句

stupid
形 ばかばかしい

meaningless
形 無意味な

nonsense
名 くだらないこと

（彼を見るたびに）きゅんです

My heart skips a beat every time I see him.

マイ　ハート　スキプス　ア　ビート　エヴリィ
タイム　アィ　シー　ヒム

「胸がドキドキする」「ときめく」など、胸の高鳴りを表す表現は、日本語にも英語にもたくさんある！

 もっと知りたい表現 🔊

My heart flutters.
胸がドキドキしてる。

I love it!
超好み！

語句 🔊

skip a beat
熟 ドキッとする

every time 〜
熟 〜するたびに

flutter
動 速く動く

怖ーい！

I'm scared.
アィム　スケアード

 恐怖を感じているときに使えるよ。「〜が怖い」と
伝えたいときは、be scared[afraid] of 〜 と言おう。

 もっと知りたい表現 🔊

I'm afraid of thunder.
私は雷が怖いの。

This movie scared me to death.
この映画は怖くてたまらなかった。

語句 🔊

scared
形 怖がっている

scare 〜 to death
熟 〜をひどく怖がらせる

急いで!

Hurry up!
ハリー　アップ

「早く行こうよ」などと相手を促したいときの表現。

もっと知りたい表現 🔊

We're going to miss our train.
電車に乗り遅れそう。

Make it snappy!
テキパキしよう!(※目上の人にはNG)

語句 🔊

hurry
動 急ぐ

miss
動 逃す

snappy
形 テキパキしている

マイペースにいこう

Let's take it easy.
レッツ　テイク　イット　イージー

 焦らず気楽にやろうよ、というメッセージ。日本語では「マイペース」だけど、ここではあえて、my pace を使っていないよ。

もっと知りたい表現 🔊

You can do it at your own pace.
自分のペースでやればいいよ。

He always does things his own way.
彼っていつもマイペースだよね。

語句 🔊

easy
副 気楽に

at one's own pace
熟 〜のペースで

🔊 Track 43

荷が重いなあ

That's a big responsibility.
ザッツ　ア　ビッグ　レスパンシビリティ

大きな仕事を任されたときだけでなく、日常でのちょっとした
「責任重大」を軽く表現するときにも使えるよ。

もっと知りたい表現 🔊

It's too much for me to be a leader.
リーダーは私には無理だ。

It's a huge weight off my shoulders.
肩の荷が下りた。

語句 🔊

responsibility
名 責任

too much for ～
熟 ～の手に負えない

わーい！

Hooray!
フレイ

「やったー！」などと喜びを表現するときの歓声。
Hooraaay! と a の部分を長く伸ばせば気持ちを強く表せるよ。

もっと知りたい表現

I've never been so happy in my life!
こんなにうれしいのは人生で初めて！

I'm so glad.
すごくうれしい！

語句

hooray
間 ばんざい

glad
形 うれしい

さみしいな

I feel lonely.
アイ　フィール　ロウンリー

 一人でいるとき、あるいは誰かといても孤独だなあと
感じるとき、こんなふうに言ってすなおな気持ちを伝えよう。

 **もっと知りたい表現**

I miss you.
あなたがいなくてさみしいよ。

I wish someone were here.
誰かがここにいてくれたらいいの
に。

語句

lonely
形 孤独でさみしい

miss
動 〜がいなくてさみしい

シャイなんです

I'm shy.
アイム　シャイ

 人前に引っ張り出されそうになったら、
こんなふうに言い訳することもできるね。

もっと知りたい表現

Don't worry about it; everyone makes mistakes.
誰でも間違えるのだから、心配しないで。

I'm not good at public speaking.
人前で話すのが苦手です。

語句

shy
形 シャイな

make mistakes
熟 間違える

be not good at 〜
熟 〜は苦手だ

大変だ!

That's tough.
ザッツ　タフ

tough、hard、difficult、terrible など「大変な」を表す単語はたくさんあるね。状況に応じて使い分けることも必要だよ。

 もっと知りたい表現 🔊))

That's too bad!
それは残念だ!

I had a really bad day today.
今日は本当に大変な一日だった。

 語句 🔊))

tough
形 骨が折れる

too bad
熟 残念な、気の毒な

🔊)) Track 48

頼りにしてるよ

I'm counting on you.

アイム　カウンティング　オン　ユー

 「頼りにしてるよ」とか「当てにしてるよ」には、相手に期待している気持ちが隠されているね。

 **もっと知りたい表現** 🔊))

She is really reliable.
彼女は本当に頼りがいがあるね。

If something goes wrong, I'm counting on you.
うまくいかないときは頼りにするよ。

語句 🔊))

count on ～
熟 ～を頼りにする

reliable
形 頼りになる

任せな！

Leave it to me!
リーヴ　イット　トゥ　ミー

戸惑ったり弱気になったりしている相手に
手を差し伸べるときに使える力強い表現。

もっと知りたい表現

You can count on me.
私に頼っていいよ。

I'll manage somehow.
私がなんとかしておくよ。

語句

leave
動 託す

manage
動 なんとかやり遂げる

somehow
副 どうにか

うらやましい

I'm so envious of you.

アイム　ソゥ　エンヴィアス　オヴ　ユー

いいなあ、と相手をうらやましく思うときに使える表現。
軽く嫉妬する気持ちが含まれることもあるよ。

もっと知りたい表現 🔊

You're so lucky.
あなたは運がいいね。

I wish I were you.
私があなただったらなあ。

語句 🔊

envious
形 うらやましがる

lucky
形 運がいい

胸アツ展開！

I get the feeling that something exciting is going to happen!

アイ　ゲット　ザ　フィーリング　ザット　サムシング
イクサイティング　イズ　ゴウイング　トゥ　ハプン

胸が熱くなるくらい期待できる展開が未来に約束されている、
そんなワクワクする気持ちを表すよ。

もっと知りたい表現 🔊

Good things are likely to happen.
いいことが起こりそう。

I was deeply moved to hear that.
それを聞いて胸が熱くなったよ。

語句 🔊

get the feeling that 〜
熟 〜という気持ちになる

be likely to 〜
熟 〜しそうな

move
動 感動させる

Column 2

あいづち表現②

32ページのColumn 1の続きだよ。あいづち表現のバリエーションを増やしていこう！
会話の中で本題に入る前に、一言リアクションするだけで、お互いが続けて話しやすくなるよ。

That's too bad. 「それは残念だね」 ※P59をチェック！

That's amazing! 「すごいね！」

No way! 「まさか、信じられない！」

Good for you. 「よかったね」

Really? 「本当なの？」

質問して みよう!

質問してもいい？

Can I ask you something?
キャン　アイ　アスク　ユー　サムシング

 相手に尋ねたいことがあるときのカジュアルな表現。
May I ask you a question? はもう少し丁寧なバージョン。

もっと知りたい表現

I need to ask you something.
あなたに質問があります。

Can I ask you a question about your family?
ご家族について質問してもいいですか？

語句

ask
動 尋ねる

何て呼んだらいい?

What should I call you?
ワット　シュド　アイ　コール　ユー

自己紹介のあとは、普段どんなふうに
呼んだらいいかを聞いてみよう!

もっと知りたい表現 🔊

What's your name?
あなたのお名前は?

My name is Morita An.
私はモリタ アンです。

語句 🔊

call
動 呼ぶ

🔊 Track 55

何月生まれ？

What month were you born?
ワット　マンス　ワー　ユー　ボーン

 生まれ月を尋ねる表現だよ。

もっと知りたい表現 🔊

When is your birthday?
誕生日はいつ？

I was born in May, too.
私も5月生まれよ。

語句 🔊

month
名 月

be born
熟 生まれる

何をするのが好き?

What do you enjoy doing?
ワット　ドゥ　ユー　インジョイ　ドゥーイング

相手の趣味を知りたいときなどに使える表現。

 もっと知りたい表現 🔊

Do you have any hobbies?
何か趣味はある?

What do you do in your free time?
暇なときは何をするの?

 語句 🔊

enjoy
動 楽しむ

hobby
名 趣味

free time
名 暇なとき

どんな仕事を
してるの？

What do you do?
ワット　ドゥ　ユー　ドゥ

「(ふだん)何をしているの？=仕事は何をしているの？」
と相手の職業を尋ねる定番フレーズだよ。

もっと知りたい表現

What exactly do you do?
具体的にはどんなお仕事ですか。

What industry do you work in?
どんな業種で働いているの？

語句

exactly
副 正確に

industry
名 産業

どこに住んでるの？

Where do you live?
ウェア ドゥ ユー リヴ

相手の住んでいるところを尋ねる言い方だよ。

もっと知りたい表現 🔊

What's your address?
住所を教えて。

Can I walk to the nearest station?
最寄りの駅まで歩いて行ける？

語句 🔊

address
名 住所

the nearest 〜
形 最寄りの〜

SNSはやってる？

Are you on social media?
アー　ユー　オン　ソゥシャル　ミーディア

 具体的にSNSの名前を挙げて尋ねることもできるよ。
SNSは英語では social media ということにも注意しよう！

 **もっと知りたい表現** ◀))

Do you have a LINE account?
LINEをやってる？

Have you ever seen his Instagram?
彼のインスタを見たことある？

語句 ◀))

social media
名 SNS

どんな音楽が好き？

What kind of music do you like?

ワット　カィンド　オヴ　ミュージック　ドゥ　ユー　ライク

音楽の好みを尋ねるのは、相手との距離を縮めるのに
最適な手段かもしれないね。

もっと知りたい表現 🔊))

What is your favorite song?
お気に入りの歌は何？

Do you play any instruments?
何か楽器を弾ける？

語句 🔊))

favorite
 形 大好きな

instrument
 名 楽器

73

好きな食べ物は何?

What's your favorite food?

ワッツ　ユア　フェイヴリット　フード

好きな食べ物を尋ねる表現。好きな料理や食べ物を
英語でなんて言うかも覚えておくといいね!

もっと知りたい表現 🔊

Do you have any allergies?
何かアレルギーはある?

What do you want to have for dinner?
夕飯に何が食べたい?

語句 🔊

allergy
名 アレルギー

dinner
名 夕飯

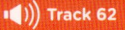
どんなスポーツが好き?

What kind of sports do you like?

ワット　カィンド　オヴ　スポーツ　ドゥ　ユー　ライク

> スポーツに関しては、好き嫌い、観戦するだけか実際にやるのか、などなど、いろいろな質問ができそうだね。

もっと知りたい表現

I have been playing tennis for a long time.
私は長いことテニスをやっています。

Do you have a favorite soccer player?
好きなサッカー選手はいる?

語句

What kind of 〜
熟 どんな種類の〜

for a long time
熟 長い間

インドア派?
アウトドア派?

Are you an indoor or outdoor type of person?

アー　ユー　アン　インドァ　オア　アウトドァ
タイプ　オヴ　パースン

屋外にいるのが好きか、室内で過ごすのが好きか、というとき、「インドア派」「アウトドア派」という用語を使うよ。

もっと知りたい表現 🔊

I usually spend my days off at home.
オフの日はたいてい家で過ごすよ。

Let's go outdoors!
外に行こうよ!
(※この文のoutdoorsは「副 屋外へ」の意味)

語句 🔊

indoor
形 屋内の

outdoor
形 屋外の

spend
動 時間を過ごす

推しは誰？

Who's your favorite pop star?
フーズ　ユア　フェイヴリット　ポップ　スター

「推し」「推しメン」は「大好きな〇〇」と表すことで、
そのニュアンスが伝わるね。

もっと知りたい表現 🔊))

I'm a big fan of this singer.
このシンガーの大ファンです。

I really like the guitar player in this group.
このグループだとギター担当が私の
イチ推し。

語句 🔊))

favorite
形 大好きな

big fan of ～
熟 ～の大ファン

料理は好き？

Do you like cooking?
ドゥ　ユー　ライク　クッキング

 食べ物にこだわりのある人、料理が趣味の人と親しく
会話をするためのきっかけになりそうな質問だね。

 **もっと知りたい表現** 🔊

What's your best dish?
得意料理は何？

Can you tell me the recipe for this sauce?
このソースのレシピを教えてくれない？

 **語句** 🔊

cook
動 料理する

best dish
名 得意料理

今一番欲しいものは何？

What do you want the most now?

ワット　ドゥ　ユー　ワント　ザ　モウスト　ナウ

どんなプレゼントをすれば喜んでくれるのか、
迷ったら尋ねてみよう。

 **もっと知りたい表現** 🔊

This T-shirt is not my thing.
このTシャツは私の好みじゃない。

There's nothing I really want right now.
今特に欲しいものはないです。

 **語句** 🔊

the most
熟 一番〜、最も〜

There's nothing 〜
熟 〜なものがない

right now
副 今

Track 67

甘党?

Do you have a sweet tooth?

ドゥ　ユー　ハヴ　ア　スウィート　トゥース

食べ物の好みを尋ねてみよう。

もっと知りたい表現

I really love sweets!
甘いものは大好きです。

I rarely eat sweets.
甘いものはめったに食べません。

語句

sweet tooth
名 甘党

rarely
副 めったに～ない

今話しかけてもいい?

Can I talk to you now?

キャン　アィ　トーク　トゥ　ユー　ナウ

仕事中など、忙しそうだけど話しかけなきゃいけない
用事がある……そんなときは、こんなふうに言ってみよう。

もっと知りたい表現 🔊))

Do you have a minute?
ちょっといいですか?

Could we chat for a minute?
ちょっとお話してもよろしいですか?

語句 🔊))

talk to ～
熟 ～に話しかける

minute
名 ちょっとの間

chat
動 (カジュアルに)話す、おしゃべりする

🔊 Track 69

今週末予定ある？

Do you have any plans for this weekend?

ドゥ　ユー　ハヴ　エニィ　プランズ　フォー
ジス　ウィーケンド

誘いたい相手に都合を尋ねるときは、
こんなふうに言ってみよう。

もっと知りたい表現 🔊

How about tomorrow?
明日はどう？

When is convenient for you?
いつが都合がいい？

語句 🔊

plan
名 予定

weekend
名 週末

convenient
形 都合のよい

最近忙しい?

Have you been busy lately?

ハヴ　ユー　ビーン　ビジ　レイトリ

このフレーズで会話を始めることができるね。
この質問の答え方の例は「もっと知りたい表現」でチェックしてね。

もっと知りたい表現

I have a lot of work to do.
やらなくちゃいけない仕事が山ほど
あるんだ。

I think I'll be busy for a while.
しばらくは忙しいと思うよ。

語句

busy
形 忙しい

lately
副 最近

for a while
熟 しばらくの間

もうご飯食べた？

Have you eaten yet?
ハヴ　ユー　イートン　イエット

「もう〜した?」は現在完了の疑問文 Have[Has] +
主語 + 過去分詞 + yet? で表すよ。

もっと知りたい表現

I've already had lunch.
昼食はもう食べたよ。

I haven't had time to eat yet.
まだ食べる時間がないんだ。

語句

eaten
動 eat（食べる）の過去分詞

not 〜 yet
熟 まだ〜していない

これ、興味ある？

Are you interested in this?
アー　ユー　インタレスティド　イン　ジス

相手の興味・関心の有無を尋ねてみよう。
be interested in 〜 で「〜に興味がある」という意味。

もっと知りたい表現

What are you most interested in these days?
最近は何に一番興味があるの？

You have curiosity about everything!
君は何に対しても好奇心旺盛（おうせい）だね！

語句

be interested in 〜
熟 〜に興味がある

these days
副 最近

curiosity
名 好奇心

Column 3 かわいい!を表す表現①

日常的に使う「かわいい!」というフレーズ。これは38ページで紹介したもの以外にもいろいろな言い方があるよ。それぞれニュアンスの違いもあわせておさえておこう。

cute

小さな動物や子ども、また物などにも幅広く使える。

例文 What a cute cat!
ワット ア キュート キャット

日本語訳 なんてかわいいネコなの!

pretty

見た目の良さに対して使われることが多く、「美しい」に近い表現。

例文 I've found a really pretty dress.
アイヴ ファウンド ア リアリィ プリティ ドレス

日本語訳 すごくかわいいドレスを見つけたの。

lovely

愛らしいものを形容する言葉。天候が良いときなど、幅広く使われる。

例文 Everyone will say your garden is very lovely.
エヴリワン ウィル セイ ユア ガーデン イズ ヴェリィ ラヴリィ

日本語訳 みんな、あなたの庭をとてもかわいいって言うわよ。

お願いして みよう！

🔊)) Track 74

お願いがあるん
だけど……

Can you do me a favor?

キャン　ユー　ドゥ　ミー　ア　フェイヴァー

何か頼みたいことがあるとき、その内容を
具体的に伝える前に、まず、こう言ってみよう。

もっと知りたい表現 🔊))

**Do you mind doing something
for me?**
してほしいことがあるんだけど。

Go ahead.
（それに答えて）いいですよ。

語句 🔊))

favor
名 親切な行為

Do you mind 〜ing
熟 〜してもらえますか

手伝って!

Can you help me?

キャン　ユー　ヘルプ　ミー

Can you help me with ～ の「～」の部分に
手伝ってほしい内容を入れて表現することもできるよ。

もっと知りたい表現 🔊

Can you give me a hand?
ちょっと手を貸してくれない?

Is there anyone who can help us?
どなたか手伝ってくれませんか?

語句 🔊

help
動 手伝う、助ける

give ～ a hand
熟 ～を手伝う

どうすればいいんだっけ……?

What should I do again?

ワット　シュド　アィ　ドゥ　アゲン

前に質問したことを忘れて「～だっけ?」とまた質問するときは、again を使うといいよ。

 **もっと知りたい表現** 🔊

Please tell me how to do it.
やり方を教えて。

What should I do to get up early?
早く起きるにはどうしたらいい?

語句 🔊

should
助 ～すべき

get up early
熟 早起きする

90

🔊)) Track 77

ちょっと見せて!

Let me take a look.
レット ミー テイク ア ルック

Let me ~. で「~させてください」という意味だよ。

もっと知りたい表現 🔊))

Let me see your homework.
宿題を見せてよ。

Show me the pictures you took.
君が撮った写真を見せてよ。

語句 🔊))

let 人 ~
熟 人に~させる

take a look
熟 ちらっと見る

ちょっと待って〜！

Just a minute.
ジャスト　ア　ミニット

 少しだけ席を外すときや電話でのやりとりなど、毎日のいろいろなシチュエーションで使うね。

もっと知りたい表現

Please wait for a while.
少しの間待っていてください。

Hang on, please.
（電話で）切らずにお待ちください。

語句

wait for 〜
熟 〜を待つ

for a while
熟 しばらくの間

hang on
熟 つないでおく

秘密だよ

It's a secret.

イッツ ア シークリット

誰にも知られたくないことを打ち明けるときに
使える表現。

もっと知りたい表現 🔊

Keep this between the two of us.
二人だけの秘密だよ。

Please don't tell anyone else.
誰にも言わないでください。

語句 🔊

secret
名 秘密

between
前 〜の間で

休憩しよう!

Let's take a break!

レッツ テイク ア ブレイク

 一緒に作業したり勉強したりしている人に、
休憩を促すときに使えるね。

 **もっと知りたい表現** 🔊

Take a rest when it's convenient.
切りのいいところで休んでね。

I'm on my break right now.
ただいま休憩中です。

 **語句** 🔊

take a break / rest
熟 休憩する

on one's break
熟 休憩中

一緒に踊ろう!

Let's dance!

レッツ ダンス

Chapter 4 お願いしてみよう!

楽しいときは踊っちゃおう!
ダンス動画を撮るときなどにも使えるかも。

もっと知りたい表現

Can you teach me how to dance?
振付を教えてくれる?

Let's dance and forget our troubles!
踊ってイヤなことを忘れよう!

語句

how to 動詞
熟 〜する方法

trouble
名 悩み

勝負しよう！

Let's compete!
レッツ　カムピート

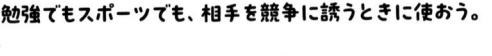
勉強でもスポーツでも、相手を競争に誘うときに使おう。

もっと知りたい表現 🔊

Let's see who runs faster!
どちらが速く走るか、勝負しよう！

You're tough, aren't you?
勝負強いね。

語句 🔊

compete
動 競争する

tough
形 たくましい、タフな

何か面白いことない?

I wonder if there's anything fun to do?

アィ　ワンダー　イフ　ゼァズ　エニシング
ファン　トゥ　ドゥ

退屈したり時間をもてあましたりするときに、こんなふうに
言うこと、あるよね。話しかけるきっかけにも使えるかも。

もっと知りたい表現 🔊

Has anything interesting happened lately?
最近、何か面白いことあった?

What's so funny?
何がそんなに面白いの?

語句 🔊

I wonder if 〜
熟 〜かなあ

fun / funny
形 愉快な

Column 4

かわいい!を表す表現②

86ページのColumn 3に続いて、「かわいい!」を表す表現を紹介するよ。
いろいろなバリエーションを使えたら、より正しくニュアンスを伝えられるようになるよ。ぜひ覚えておこう!

charming

外見にも内面にも用いられ、魅力的で感じがよいという意味を表す。

例文 She's not only charming, but also reliable.
シーズ ナット オンリー チャーミング バット オールソウ リライアブル

日本語訳 彼女はかわいいだけじゃなく、頼りになるよ。

precious

かわいいだけではなく、「大切な」という意味も加わる。

例文 Look at my precious puppy.
ルック アット マイ プレシャス パピー

日本語訳 私のかわいい子犬を見て。

adorable

深い敬愛の気持ちをこめて「かわいい」と言いたいときに適した表現。

例文 This is my adorable baby.
ジス イズ マイ アドーラブル ベイビー

日本語訳 私のかわいい赤ん坊よ。

もっと仲よく なろう！

インスタのアカウント を教えてよ

What's your Insta account?

ワッツ　ユア　インスタ　アカウント

 連絡を取り合うための第一歩はここから。Can I ~ は 「~してもいいですか」と許可を求める表現。

Can I follow you on Instagram?
インスタをフォローしてもいい?

If you want to talk, DM me.
何かあれば、DMを送ってね。

語句

account
名 アカウント

follow
動 フォローする

もしもし、聞こえる?

Hello? Can you hear me?
ヘロウ　キャン　ユー　ヒァ　ミー

電話をかけるとき、まずはこんなふうに言ってみよう★

もっと知りたい表現 🔊

Is it a good time to talk now?
今電話して大丈夫ですか?

See you in a bit!
またね!

語句 🔊

hear
動 聞こえる

in a bit
熟 すぐに

101

🔊 Track 87

今メッセ送るね

I will message you now.
アイ ウィル メッセージ ユー ナウ

メッセージを送るときや受け取るときに、
使える表現を集めてみたよ。

もっと知りたい表現 🔊

I got your message.
メッセージ、受け取りました。

I'll reply soon.
すぐに返信します。

語句 🔊

message（※）
動 メッセージを送る

reply
動 返事する

soon
副 すぐに

（※）「もっと知りたい表現」では名詞として使われているよ。

仲よし!

We're good friends.

ウィア　グッド　フレンズ

仲がいいこと、気が合うことを表現してみよう。

もっと知りたい表現

We get along with each other.
私たちは気が合うね。

We have a lot in common.
私たちは共通点が多いよ。

語句

get along with ～
熟 ～と仲がよい

in common
熟 共通に

一緒に写真を撮ろう！

Let's take a picture together!

レッツ　テイク　ア　ピクチャ　タゲザー

スマホやプリクラで、友達と一緒に写真を撮るときに
使えるよ。

もっと知りたい表現 🔊))

Could you take a picture of us?
シャッターを押していただけますか。

This picture is heavily edited.
この写真、盛りすぎ（加工しすぎ）。

語句 🔊))

take a picture
熟 写真を撮る

heavily
副 非常に

edit
動 加工する

かまってよー!

Look at me!

ルック　アット　ミー

「かまう」=「関心をもつ」は give attention で表せるけど、
「私を見てよ!」と言ってみるとシンプルに表せるよ。

もっと知りたい表現

Don't avoid me, please.
私を避けないでください。

Leave me alone!
ほっといて!

語句

look at ～
熟 ～を見る

avoid
動 避ける

leave
動 放っておく

105

早く聞かせて

I'm all ears.

アィム　オール　イアーズ

 直訳すると「全身が耳です」。つまりそれだけ
早く聞きたい！　ってことだよ。

もっと知りたい表現 🔊

Tell me all about it!
いろいろ聞かせてね。

Can I tell you something?
聞いてほしいことがあるの。

語句 🔊

ear
名 耳

tell
動 話す、伝える

今日は何する〜？

What shall we do today?
ワット　シャル　ウィ　ドゥ　トゥデイ

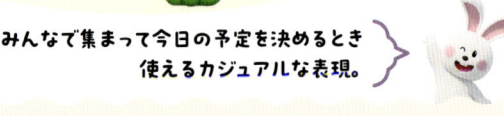

みんなで集まって今日の予定を決めるとき
使えるカジュアルな表現。

もっと知りたい表現 🔊

Is there somewhere you want to go?
どこか行きたいところはある？

I don't feel like doing anything.
何もしたくないなあ。

語句 🔊

Shall we 〜
熟 〜しましょうか

feel like 〜ing
熟 〜したい気がする

一緒に遊ぼ！

Let's hang out!
レッツ　ハング　アウト

 相手を誘いたいときに使える表現。

Do you want to go out or stay home?
出かける？　それとも家にいる？

Why don't we go out for lunch today?
今日、ランチに行かない？

語句 🔊

hang out
熟 ぶらぶらする

go out
熟 外出する

今すぐ行くね

I'm coming.
アイム　カミング

日本語では「行く」だけど、英語では、話し手が相手のところに
向かうときには、go ではなく come を使うよ。

もっと知りたい表現

I'm on my way.
今向かっています。

I'll be there in 10 minutes.
10分で着きます。

語句

on one's way
熟 向かっている

in 〜 minutes
熟 〜分で

109

みんなを
楽しませたいな

I want everyone to have a good time.

アイ ワント エヴリワン トゥ ハヴ ア グッド タイム

みんなに楽しく過ごしてほしい、という願いを表しているよ。
want 人 to ～ で「人に～してほしい」という意味だよ。

もっと知りたい表現

I want to make others smile.
ほかの人たちを笑顔にしたい。

I'm so happy to see your smile.
あなたの笑顔が見られてうれしい。

語句

have a good time
熟 楽しく過ごす

make ～ 動詞
熟 ～に（動詞）させる

そのかっこう 似合うね！

That really suits you!

ザット　リアリィ　スーツ　ユー

相手のファッションを褒めてあげよう。really など
強める単語をつけると効果的だね。

もっと知りたい表現 🔊

You look good with the glasses.
そのメガネ、似合ってるね。

Does this jacket suit me?
このジャケット、私に似合う？

語句 🔊

suit
動 似合う

look good with 〜
熟 〜が似合う

🔊 Track 97

おそろいだね！

We're matching!
ウィア　マッチング

考えや見た目などが同じだとわかって、うれしい気持ちを伝えているよ。

We like the same stuff.
私たち、好みが同じだね。

What a coincidence!
すごい偶然！

語句 🔊

match
動 合う

stuff
名 もの

coincidence
名 偶然

君ならできるよ！

I think you can do it!

アイ　シンク　ユー　キャン　ドゥ　イット

ちょっと不安になっている誰かを励ましてあげよう。

もっと知りたい表現

Don't be afraid to make a mistake.
ミスを恐れないで。

I'm sure it'll be fine!
絶対にうまくいくよ！

語句

be afraid to 〜
熟 〜するのを恐れる

make a mistake
熟 間違える

一緒にがんばろう！

Let's do our best.
レッツ　ドゥ　アウア　ベスト

 お互いに励まし合う一言だね。この文には together を使っていないけど、Let's そのものに相手を巻き込むニュアンスがあるよ。

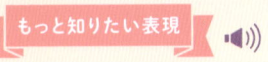 **もっと知りたい表現** 🔊

I've got your back.
私がついているからね。

Don't work too hard.
がんばりすぎないで。

語句 🔊

do one's best
熟 最善を尽くす

get one's back
熟 〜を支える

とってもいい考えだね！

That idea is so good.
ザット　アイディア　イズ　ソー　グッド

会話や会議などで相手の意見や考えを
評価したいときに使えるよ。

Let's go with this idea.
この意見で行こう。

I couldn't think of anything.
私は何も思いつかなかった。

語句

idea
名 考え

think of 〜
熟 〜を思いつく

やるじゃん！

Way to go!
ウェイ　トゥ　ゴゥ

すばらしい成果を出した人を褒めてねぎらうときに使えるよ。

🔊

Awesome!
すごい！

It is awesome, isn't it?
ヤバくない？

🔊

awesome
形 とてもいい

116

無理しないでね

Don't do too much.
ドント　ドゥ　トゥー　マッチ

見ていてつらくなるくらいがんばっている人には、こう言ってあげよう。

もっと知りたい表現 🔊

You'll get sick.
身体を壊すよ。

I'm worried about you.
あなたのことが心配です。

語句 🔊

get sick
熟 病気になる

be worried about 〜
熟 〜を心配する

君にいいことが
ありますように
I hope something wonderful happens for you.

アイ　ホゥプ　サムシング　ワンダフル
ハプンズ　フォー　ユー

 旅立つ人や新しいことにチャレンジする人を
励ますときに使える表現。

もっと知りたい表現

I wish you every happiness.
あなたの幸せを願っているよ。

I wish you good health.
あなたが健康でありますように。

語句

hope / wish
動 願う

health
名 健康状態

ずっと友達でいてね！

I hope we'll be good friends forever!

アイ　ホウプ　ウィル　ビー　グッド　フレンズ
フォーエヴァー

ずっと今のまま仲よくしていきたいという人に言ってみよう。

もっと知りたい表現 🔊

Stay with me forever.
ずっとそばにいてね。

I really enjoy being with you.
あなたといると本当に楽しい。

語句 🔊

forever
副 永遠に

stay with ～
熟 ～と一緒にいる

Column 5 ペガサスに関する表現

この本のChapter 7ではいろいろなどうぶつについてのフレーズを掲載しているよ。
ここではペガサスについての慣用句をいくつかご紹介。「ペガサス」はインスピレーションや想像力のモチーフとされることも多く、それらを表す言い回しがいくつかあって、小説などで文語的に使われるよ。
あわせてチェックしてみよう。

Pegasus in flight 「飛んでいるペガサス」

飛んでいるペガサスのように自由なことを表す表現。

例文 Her idea is amazing, like Pegasus in flight.

日本語訳 彼女のアイディアは飛んでいるペガサスのように壮大だ。

mount one's Pegasus 「ペガサスに乗る」

芸術家が作品のインスピレーションを得ることをペガサスに乗ることにたとえた表現。one's にはmy、her など代名詞を入れよう。

例文 When he mounted his Pegasus, he came up with a great love story.

日本語訳 彼はペガサスに乗り、すばらしいラブストーリーを思いついた。

Pegasus' wings 「ペガサスの翼」

ひとつめの表現と同じく自由なことを表す表現。

例文 I felt like I was flying with Pegasus' wings when I wrote the fairytale.

日本語訳 私はおとぎ話を書いているとき、ペガサスの翼で飛んでいるような気分だったよ。

おかしな
フレーズ

お腹すいた～！

I'm starving.

アイム　スターヴィング

 空腹を表す表現。I'm hungry. よりもっと腹ペコのとき
に使うよ。

もっと知りたい表現 🔊

I haven't had anything to eat today.
今日は何も食べていないんだ。

Do we have anything to eat in the fridge?
冷蔵庫に何か食べるものある？

語句 🔊

starve
動 飢える

fridge
名 冷蔵庫

一緒におやつ
食べよう!

Let's go get some snacks!

レッツ　ゴゥ　ゲット　サム　スナックス

午後の休憩のときに、こんなふうに声をかけてみよう!

もっと知りたい表現

Do we have any snacks today?
今日何かおやつはある?

What snack do you want to eat?
どんなおやつが食べたい?

語句

go get ～
熟 ～を取りに行く

snack
名 おやつ、間食

そろそろおやつに
しない?

Should we have snacks soon?

シュド　ウィ　ハヴ　スナックス　スーン

一生懸命に作業している仲間に声をかけて、
一休みしよう。

もっと知りたい表現 🔊

Why don't we go out to buy snacks?
おやつを買いに行かない?

Come here and help yourself to a snack.
ここに来て、おやつをどうぞ。

語句 🔊

Why don't we 〜
熟 〜しない?

help yourself to 〜
熟 〜をどうぞ

124

いただきます

OK, let's eat!
オウケイ　レッツ　イート

「いただきます」「ごちそうさま」に相当する英語表現は
ないけれど、こんなふうに言えば大丈夫だよ。

 **もっと知りたい表現**

Thanks for making breakfast.
朝ご飯をありがとうね。

I'm done.
ごちそうさま。（食べ終わりました）

 **語句**

done
動 do（する）の過去分詞

おいしい！

It's delicious!

イッツ ディリシャス

食べ物の味を表す表現を覚えて、感想を言えるようになろう。

もっと知りたい表現 🔊

It's not too sweet and I like it.
甘さ控えめで、私の好み。

I can't handle spicy food.
私は辛いのが苦手です。

語句 🔊

delicious
形 おいしい

handle
動 扱う

spicy
形 辛い

さくさく!

It's crispy.
イッツ　クリスピー

食感を表す表現を知っていると、英語で食レポできるね。

🔷 もっと知りたい表現 🔊

This bread is soft and chewy.
このパンはもちもちしているね。

The pancakes in that shop are fluffy.
あの店のパンケーキはふわふわだね。

🔷 語句 🔊

crispy
形 さくさくしている

chewy
形 かみごたえのある

fluffy
形 ふわふわしている

おかわり！

Can I have some more?
キャン　アイ　ハヴ　サム　モァ

まだ食べられそうなときは、こう言って
おかわりをお願いしよう。

もっと知りたい表現

Would you like a little more?
もう少しいかが？

Do I have to pay for refills?
飲み物のおかわりは有料ですか？

語句

a little more
熟 もう少し

pay for 〜
熟 〜の代金を払う

refill
名 おかわり

お腹いっぱい！

I'm full.
アィム　フル

続けて Thank you for the meal.（食事をありがとう）と
言えば作った人への感謝も伝えられるよ。

もっと知りたい表現 🔊

I had too much.
食べすぎた。

I can't eat anymore.
もうこれ以上食べられないよ。

語句 🔊

full
形 いっぱいの

anymore
副 もはや

ストックしておこう

I'll keep it in stock.
アィル　キープ　イット　イン　スタック

 日用品や食料の買いだめや、災害への備蓄などについての表現だね。

How many rolls of toilet paper do we need?
トイレットペーパーはいくつ必要ですか。

Where is the best-by date on this can?
この缶詰の賞味期限はどこに書いてありますか？

stock
名 蓄え

best-by date
名 賞味期限

食べすぎ注意！

Be careful not to eat too much.

ビー　ケアフル　ナット　トゥ　イート　トゥー　マッチ

Chapter 6 おかしなフレーズ

食べすぎて後悔してるときに使える表現。ちなみに「胃もたれ」は indigestion だよ。

もっと知りたい表現

I ate too much, and now I have indigestion.
食べすぎて胃がもたれてる。

Eating too much is not good for your health.
食べすぎは体に良くないよ。

語句

careful
形 注意深い

too much
副 過度に

131

どうぶつの
フレーズ

困難な状況から抜け出せない

go down the rabbit hole
ゴゥ ダウン ザ ラビット ホゥル

困難な状況からなかなか抜け出せないことを表すよ。
rabbit hole（ウサギの穴）は『不思議の国のアリス』から。

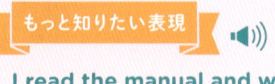

もっと知りたい表現 🔊

I read the manual and went down the rabbit hole.
取扱説明書を読んでいたら、抜け出せなくなっちゃったよ。

We need a lot of patience to overcome difficulties.
困難を乗り越えるにはかなりの根気が必要だね。

語句 🔊

overcome 動 乗り越える

difficulty 名 困難

思いがけない解決策を出す

pull a rabbit out of a hat

プル　ア　ラビット　アウト　オヴ　ア　ハット

思いがけない解決策を出したときに使える表現。

もっと知りたい表現 🔊

You pulled a rabbit out of your hat and fixed everything!
奇跡を起こして、君がぜんぶ解決したんだね！

It's amazing that you were able to solve that problem!
あの問題を解決できたなんて、君はすごい！

語句 🔊

fix / solve 動 解決する

amazing 形 すごい

135

とても勇敢だ

brave as a lion
ブレイヴ　アズ　ア　ライオン

 as a lion を加えることで、「勇敢な」の
意味を強めているよ。

もっと知りたい表現 🔊))

The firefighter that saved the child was brave as a lion.
子どもを救った消防士はとても勇敢だった。

You're not afraid of anything.
あなたは何事も恐れないんだね。

語句 🔊))

brave 形 勇敢な

save 動 救う

🔊 Track 119

大きい分け前

the lion's share
ザ　ライオンズ　シェア

取り分が大きいことを「ライオンの取り分」(直訳)と言うよ。ライオンでたとえられているのは面白いね。

もっと知りたい表現 🔊

You always want the lion's share.
君はいつだって分け前をたくさん欲しがる。

We could get the biggest slice of the pie because of your help.
あなたの手助けがあったから、私たちは一番大きな分け前を得ることができた。

語句 🔊

share 名 取り分　　　　**because of ～** 熟 ～のおかげで

ちょっと昼寝する

have a catnap
ハヴ　ア　キャットナップ

「ネコのように居眠りをする」から、「昼寝」のことを表すよ。
ちなみに cat を除いた nap だけでも「昼寝」を表すよ。

 **もっと知りたい表現** 🔊))

Have a catnap if you're tired.
疲れているなら、仮眠をとりなさい。

I always have a catnap on the train on the way home.
帰りの電車の中ではいつも寝ているよ。

 **語句** 🔊))

catnap 名 昼寝

138

（みんな知っているけど）話したくないこと

the elephant in the room
ザ　エレファント　イン　ザ　ルーム

直訳だと「部屋の中のゾウ」。こんな意味になるんだね！
例文も一緒に見てみよう。

もっと知りたい表現

Everyone ignored the elephant in the room and continued the game.
みんな見て見ぬふりをしてゲームを続けた。

I was aware of this fact but did not point it out.
私はこの事実に気づいていたけど指摘しなかった。

語句

ignore 動 無視する

point ～ out 熟 ～を指摘する

🔊 Track 122

いたずら

monkey business
マンキー　ビジネス

 直訳だと「サルの仕事」だけど、これで「いたずら、ごまかし」
などの意味を表すよ。

もっと知りたい表現 🔊

He is always up to some
monkey business.
彼はいつも何かいたずらをしようと
している。

It's just a prank.
ただのいたずらだよ。

語句 🔊

be up to 〜
熟 〜しようとしている

prank
名 いたずら

記憶力がとてもいい

An elephant never forgets.

アン　エレファント　ネヴァー　フォゲッツ

ゾウは記憶力がよく、自分が受けた仕打ちを決して
忘れない、という言い伝えがあるそうだよ。

 もっと知りたい表現 (i))

You'll never forget this moment.
あなたはこの瞬間を決して忘れ
ないでしょう。

I think I have a good memory.
私は記憶力がいいと思う。

 語句 (i))

forget
動 忘れる

moment
名 瞬間

memory
名 記憶力

秘密をばらす

let the cat out of the bag

レット　ザ　キャット　アウト　オヴ　ザ　バッグ

「カバンの中からネコを放つ」様子を想像すると少し面白いね。
「秘密をばらす」の意味なので直訳しないよう注意!

もっと知りたい表現 🔊

I didn't mean to let the cat out of the bag.
秘密をばらすつもりはなかったのよ。

Don't spill the beans.
くれぐれも秘密をばらさないでね。

語句 🔊

let ... out of ～
熟 …を～から放つ

spill the beans
熟 秘密をばらす

どうして黙ってるの?

Cat got your tongue?
キャット　ゴット　ユア　タング

…….。

Chapter 7　どうぶつのフレーズ

直訳すると「ネコがあなたの舌を取ったの?」。
tongue (舌)は発音にも注意しよう!

もっと知りたい表現 🔊))

You're so quiet today. Cat got
your tongue?
今日とても静かだけど、どうしたの?

Why are you so quiet all of a
sudden? Cat got your tongue?
どうして突然静かになったの?　どう
したの?

語句 🔊))

quiet
形 静かな

all of a sudden
熟 突然

143

英語監修：David Hal Chester

カリフォルニア州ロサンゼルス出身。プロの長編映画の脚本家、映画製作者、ソングライター、ピアニストとして活動を行っている。1993年より東京を拠点に活動中。

たべっ子どうぶつとひとこと英会話

2025年4月30日　初版発行

監　修	劇場版「たべっ子どうぶつ」製作委員会
英語監修	David Hal Chester

発行者	山下 直久
発　行	株式会社KADOKAWA
	〒102-8177　東京都千代田区富士見2-13-3
電　話	0570-002-301（ナビダイヤル）
印刷所	株式会社暁印刷
製本所	株式会社暁印刷